001

002

003

004

005

006

007

008

009

010

011

012

015

014

013

3

017

019

016

018

020

022

021

023

024

025

026

027

5

030

029

031

028

6

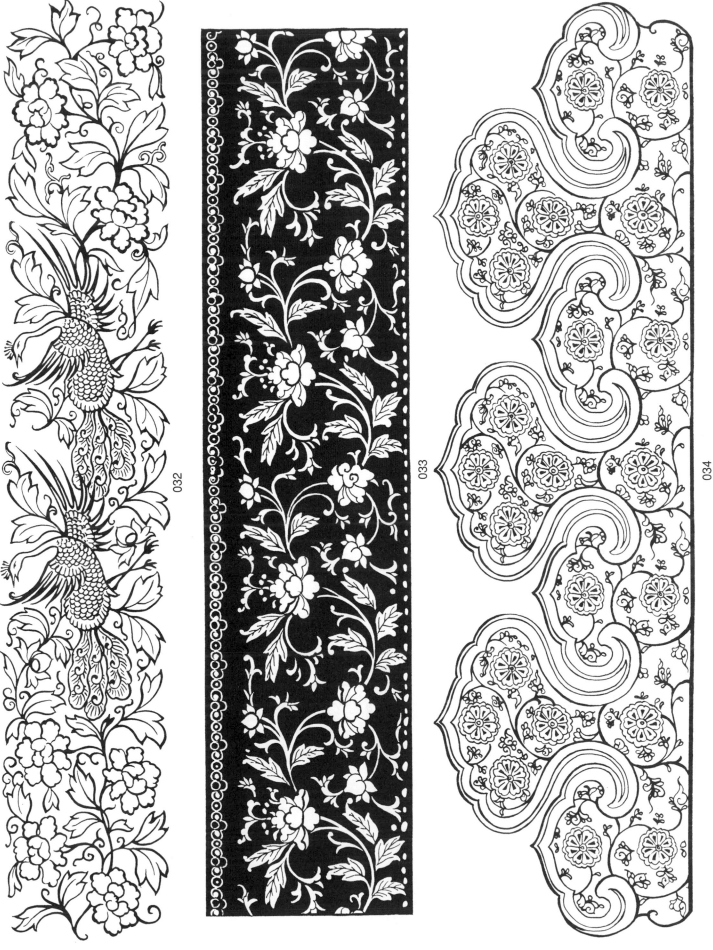

032

033

034

037

036

035

038

041

043

040

042

039

044

045

046

047

048

049

050

051

052

053

054

055

056

057

058

059

060

061

062

063

064

065

066

067

068

069

070

071

072

073

074

075

076

077

078

079

080

081

082

083

084

085

086

087

088

089

090

091

092

093

094

095

096

097

098

099

100

19

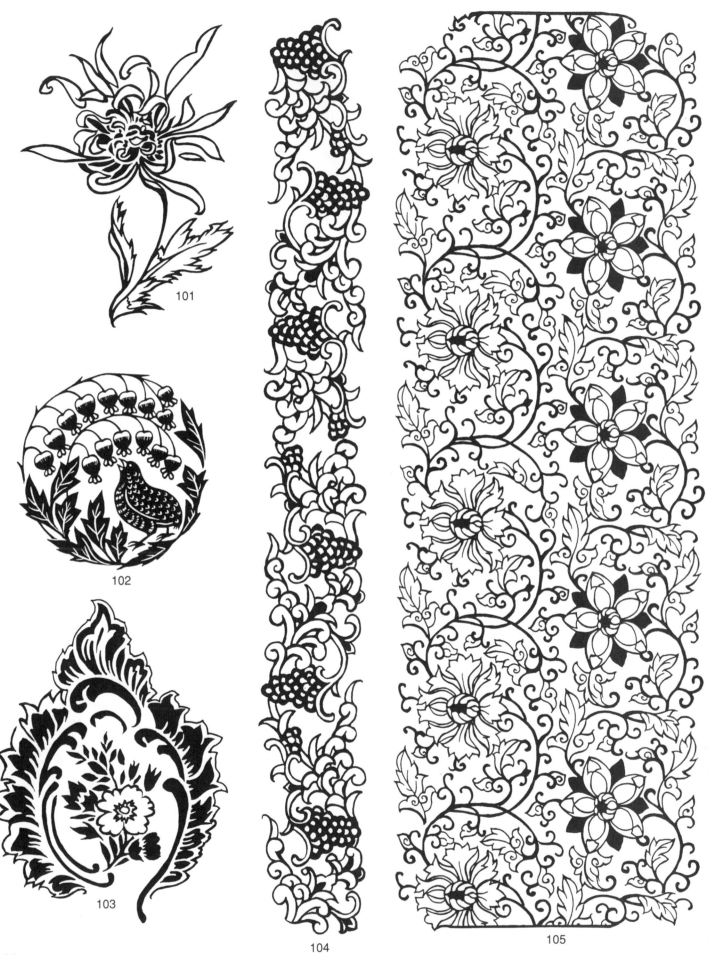

101

102

103

104

105

106

107

108

109

110

111

112

113

114

115

116

22

117

118

119

120

121

122

123

124

125

126

127

128

129

130

131

132

133

134

135

136

137

138

139

140

141

142

143

144

145

146

147

148

149

150

151

152

153

154

155

156

157

158

159

160

161

162

163

164

165

166

167

168

169

170

171

172

173

174

175

176

177

178

179

180

181

182

183

34

184

185

186

187

188

189

190

191

192

193

194

195

196

197

198

199

200

201

202

203

204

205

206

207

208

209

213

214

211

210

212

215

216

217

218

219

220

221

222

223

224

225

226

227

233

234

235

236

239

238

237

240

241

242

243

244

245

246

247

248

249

250

251

252

254

255

256

253

257

258

259

260

261